一对哑铃练全身

人邮体育编写组◎编著

人民邮电出版社

北 京

图书在版编目（ＣＩＰ）数据

一对哑铃练全身／人邮体育编写组编著. -- 北京：
人民邮电出版社，2022.6
ISBN 978-7-115-55375-1

Ⅰ．①一… Ⅱ．①人… Ⅲ．①哑铃（健身运动）－基本
知识 Ⅳ．①G835.4

中国版本图书馆CIP数据核字(2020)第232305号

内 容 提 要

本书是一本哑铃工具书。相较于健身房里的多种大型健身器材，哑铃非常实用，它能够提供更强大、更精简的运动模式，训练者可以随时随地进行训练。相较于自重健身，哑铃的训练效果更好，更节约时间。本书以一对哑铃练全身为切入点，采用图文结合的方式对哑铃动作进行详解，同时附赠了教学视频，适用于哑铃爱好者、健身爱好者和体能教练。

◆ 编　　著　人邮体育编写组
责任编辑　林振英
责任印制　周昇亮

◆ 人民邮电出版社出版发行　　北京市丰台区成寿寺路 11 号
邮编　100164　　电子邮件　315@ptpress.com.cn
网址　https://www.ptpress.com.cn
固安县铭成印刷有限公司印刷

◆ 开本：700×1000　1/16
印张：6　　　　　　　　　　2022 年 6 月第 1 版
字数：178 千字　　　　　　　2025 年 11 月河北第 16 次印刷

定价：35.00 元

读者服务热线：**(010)81055296**　印装质量热线：**(010)81055316**
反盗版热线：**(010)81055315**

目 录

扫描右方二维码添加企业微信。

1. 首次添加企业微信，即刻领取免费电子资源。

2. 加入体育爱好者交流群。

3. 不定期获取更多图书、课程、讲座等知识服务产品信息，以及参与直播
互动、在线答疑和与专业导师直接对话的机会。

chapter

01

第 1 章

认识哑铃

锻炼，从认识哑铃开始

本章主要介绍哑铃的起源、使用哑铃锻炼的好处、哑铃的类型与选择、注意事项。对哑铃有一定的了解之后，训练者可以更好地进行训练，达到训练效果。

哑铃的起源／哑铃锻炼的好处

锻炼，从认识哑铃开始

哑铃的起源

哑铃是使用率非常高的锻炼器械之一，可用于增强肌肉力量。在健身领域，哑铃使用范围很广，既可以单独使用，也可以搭配其他器械一起使用，只要方法得当，便能收获很好的健身效果。

哑铃最早出现于古希腊时期，是一对形状像月牙的石头，带有把手。古希腊人热爱体育运动，举重和跳远是他们的两项重要运动，这种月牙形的石头是辅助他们进行举重和跳远训练的工具。现代金属材质的哑铃则源自英国都铎王朝时期的手持钟。手持钟的样子像铃铛，内侧有一个拍板。当时喜欢健身的人，会用手持钟作为器械练习手臂肌肉，但练习过程中钟声会带来噪声，后来索性就去掉了手持钟内的拍板，这样既能健身，又没有噪声干扰。哑铃的英文名称"dumbbell"就来源于此，意为哑了的、不会说话的铃铛。到了18世纪，健身越来越受欢迎，哑铃的外形也得到改良，变为两头是实心重量球、中间是硬杆的结构。

哑铃锻炼的好处

与很多健身方式相比，哑铃锻炼具有方便性、经济性与实用性的特点。方便性表现在它可以随时随地进行；经济性表现在它与在健身房锻炼相比，可以节省办卡的费用；实用性表现在它能全方位锻炼身体各部位的肌肉。

全面锻炼身体

哑铃动作主要以手臂动作为主，因此很多人会误认为哑铃只适合用来锻炼上肢。哑铃确实是锻炼手臂的好工具，如上臂的肱二头肌、肱三头肌以及肩部的三角肌，只要改变锻炼的方法，这些肌肉几乎都可以用哑铃锻炼到。但使用哑铃同样可以锻炼身体其他部位的肌肉，如哑铃飞鸟可以锻炼胸部肌肉，哑铃划船可以锻炼背部肌肉，坐姿哑铃俄罗斯旋转可以锻炼腰腹肌肉，各种哑铃深蹲、弓步可以锻炼下肢肌肉……只要掌握了方法，一对哑铃就可以练遍全身。

增强肌肉力量与耐力

哑铃锻炼以增强肌肉力量为主，也有助于增强肌肉耐力。用哑铃进行锻炼，是典型的负重训练。适当的负重可以给肌肉一定的刺激，改善神经对肌肉的募集能力，并且增大肌肉体积，达到增强肌肉力量的目的。在逐步增加负荷的抗阻训练过程中，肌肉不断适应更大的运动负荷，肌肉力量增强的同时也带动了耐力的增强，使肌肉在相同负荷的情况下可以持续运动的时间更长。

有利于减脂塑形

规律进行负重训练可以增加身体中的肌肉含量，提高日常生活中的基础代谢水平，更多消耗能量，达到减脂的目的。同时，肌肉体积增大还可以改善体型，达到塑形的目的。

提升健康水平

在锻炼过程中，人体的循环、呼吸、神经系统都会参与其中。在锻炼过程中，使用哑铃增加训练负荷，对于这些系统的刺激会更大，长此以往可以有效提升身体的健康水平。以下简略介绍锻炼过程中各系统的变化。

首先是循环系统。锻炼过程中心跳加快，血管扩张，血液流动速度更快，身体温度升高。锻炼使心脏在含氧丰富的情况下能更好地工作，心肌力量增大，每次收缩可以供给更多的血液，功能得到加强，最终让循环系统得到改善。

其次是呼吸系统。在锻炼过程中，为了给肌肉供给更多的氧气，并及时排出体内产生的大量二氧化碳，呼吸系统的各器官开始努力工作，呼吸肌积极参与运动，使气体的吸入量和呼出量都增加，这意味着氧气的吸入量更多，二氧化碳的排出量也更多。在这个过程中，呼吸系统各器官功能得到提升。

最后是神经系统。神经系统能够支配肌肉和调节人体其余器官、系统，使人能够完成各种复杂的活动。锻炼过程中可以改善神经的血供和氧气含量，改善神经对肌肉的控制能力，提升动作的协调性和准确性。

降低健身成本

哑铃锻炼不需要太大的场地，也不需要花费很多钱，大大降低了健身的时间成本和经济成本。即使不到健身房，在家中或者办公室中，找一小片空地就可以进行训练。而且，去健身房健身，一是路上要花费时间，二是办卡要花费金钱，使用哑铃健身的话，这两方面成本都可以节约下来。

哑铃属于大众消费品，购置哑铃不需要花费很多钱。训练者只需要根据自身的实际情况，选购重量合适的哑铃即可，即使多购置几对哑铃，也不需要花费很多钱。

锻炼，从认识哑铃开始

哑铃的类型与选择、注意事项

哑铃的类型与选择

哑铃有多种材质、多种规格，训练者在进行哑铃锻炼之前，要了解哑铃的分类，以便选择适合自己的哑铃。

从结构上对哑铃分类

常见的哑铃由铸铁制成，以铁棒为轴，两端是实心的圆盘状结构。除了这种哑铃外，还有一种可以调节重量的哑铃，这种哑铃类似小型杠铃，可通过在两端增加或减少铁片来改变重量。

从材质上对哑铃分类

哑铃材质有许多种，这里只介绍常见的四种。

包胶哑铃。这种哑铃的内部用生铁铸成，外面是一层橡胶。包胶的质量有好有坏，不好的包胶带有刺鼻的气味，会给身体带来不好的影响，训练者在选购时要注意避免购买这种哑铃。

浸塑哑铃。浸塑哑铃目前主要用作家用哑铃，它采用将哑铃毛坯浸入塑胶水中成型的工艺，成品美观且实用，不掉色，不掉漆，无异味。塑胶水的材料多为聚氯乙烯。因为浸塑哑铃的重量多控制在 5 千克之内，所以初学者或者女性使用得相对比较多。

电镀哑铃。电镀哑铃的质量要好于包胶哑铃。电镀哑铃的外观比较好看，而且不容易掉色，没有异味，很适合家庭健身。不过在选择时要观察哑铃的细节，如果抛光不均匀，有砂眼或者毛边，后期容易出现表面镀层脱落的现象。

烤漆哑铃。烤漆哑铃使用烤漆工艺，将哑铃片冲压成型，并在表面喷涂烤漆。烤漆哑铃制作考究，标准严格，价位较高，属于中高档产品，健身房使用得比较多。

从重量上对哑铃分类

从重量上可将哑铃分为轻型哑铃与重型哑铃。轻型哑铃可分为 1 千克、2 千克、3 千克、4 千克、5 千克等级别，重型哑铃则分为 10 千克、15 千克、30 千克等级别。

注意事项

哑铃锻炼的好处有很多，但是为了保证安全和提升效果，锻炼过程中也有许多需要注意的事项。

1. 哑铃重量要合适。通常来说，初次接触哑铃的训练者，应该先使用较轻的哑铃，适应了当前的重量后，再逐渐增加哑铃重量。另外，训练者需要配备重量不同的几对哑铃，发展肌肉力量可以用重量大一些的，发展肌肉耐力可以用重量小一些的。

2. 动作速度不要太快。哑铃锻炼是负重运动，对肌肉和关节都有压力，如果动作速度太快，容易造成肌肉拉伤或关节损伤，严重的话还会造成肌肉撕裂。

3. 动作尽量做准确。当关节在正常的活动范围内进行运动时，可以更大程度地刺激目标肌肉，提高训练效果。如果动作偏差较大，容易过多激活非目标肌肉，产生代偿。同时，不标准的动作可能会使关节受力异常，造成关节损伤。

4. 训练前进行热身。热身可以使身体温度升高，肌肉黏滞性降低，进入富有弹性的运动状态，血液流动速度加快，关节润滑度提高，改善运动状态，为后期训练打好基础，减少运动损伤。

5. 训练后不要忘记拉伸。训练后的拉伸有利于消除肌肉的疲劳感，把运动中产生的乳酸等代谢废物快速排出，减轻肌肉酸痛感。

chapter

02

哑铃训练计划

有效地掌握训练计划，让锻炼事半功倍

本章通过一系列的哑铃训练计划，帮助训练者更轻松地进行哑铃锻炼。科学的训练计划可以有效改善训练效果。

第 2 章

哑铃训练计划

手臂训练计划

有效地掌握训练计划，让锻炼事半功倍

[坐姿哑铃颈后臂屈伸]

- 组数：3~5 组
- 次数：8~12 次
- 强度：8~12 RM
- 间歇：60~90 秒
  （上一组的疲劳完全恢复之前开始下一组）
- 页数：64

[靠墙肱二头肌弯举]

- 组数：3~5 组
- 次数：8~12 次
- 强度：8~12 RM
- 间歇：60~90 秒
  （上一组的疲劳完全恢复之前开始下一组）
- 页数：66

[肱二头肌弯举]

- 组数：3~5 组
- 次数：8~12 次
- 强度：8~12 RM
- 间歇：60~90 秒
  （上一组的疲劳完全恢复之前开始下一组）
- 页数：67

[仰卧哑铃颈后臂屈伸]

- 组数：3~5 组
- 次数：8~12 次
- 强度：8~12 RM
- 间歇：60~90 秒
  （上一组的疲劳完全恢复之前开始下一组）
- 页数：87

[下蹲肱二头肌弯举]

- 组数：3~5 组
- 次数：8~12 次 / 侧
- 强度：8~12 RM
- 间歇：60~90 秒
  （上一组的疲劳完全恢复
  之前开始下一组）
- 页数：88

[过顶臂屈伸]

- 组数：3~5 组
- 次数：8~12 次
- 强度：8~12 RM
- 间歇：60~90 秒
  （上一组的疲劳完全恢复
  之前开始下一组）
- 页数：37

[双臂锤式弯举]

- 组数：3~5 组
- 次数：8~12 次
- 强度：8~12 RM
- 间歇：60~90 秒
  （上一组的疲劳完全恢复
  之前开始下一组）
- 页数：39

小提示

建议训练频率为每周 1~2 天。

"RM" 是 "Repetition Maximum" 的缩写。1RM 是指进行负重训练时，勉强能重复一次的强度，此时的负重也就是指一次能举起的最大重量，用作动态最大力量指标。

"10RM" 是指勉强能重复 10 次的强度，它的强度相当于 1RM 的 70%~80%。

本书所有计划中练习的强度均为 8 ~ 12RM，即练习者应选取勉强能重复 8 ~ 12 次的重量，进行练习。

哑铃训练计划

肩部训练计划一

有效地掌握训练计划，让锻炼事半功倍

[双臂前平举]

- 组数：3~5 组
- 次数：8~12 次
- 强度：8~12 RM
- 间歇：60~90 秒
  （上一组的疲劳完全恢复之前开始下一组）
- 页数：58

[单侧肩外旋]

- 组数：3~5 组
- 次数：8~12 次 / 侧
- 强度：8~12 RM
- 间歇：60~90 秒
  （上一组的疲劳完全恢复之前开始下一组）
- 页数：30

[单臂借力下蹲上举]

- 组数：3~5 组
- 次数：8~12 次 / 侧
- 强度：8~12 RM
- 间歇：60~90 秒
  （上一组的疲劳完全恢复之前开始下一组）
- 页数：44

[单臂抓举]

- 组数：3~5 组
- 次数：8~12 次 / 侧
- 强度：8~12 RM
- 间歇：60~90 秒
  （上一组的疲劳完全恢复
  之前开始下一组）
- 页数：52

[直握过顶推举]

- 组数：3~5 组
- 次数：8~12 次
- 强度：8~12 RM
- 间歇：60~90 秒
  （上一组的疲劳完全恢复
  之前开始下一组）
  页数：62

[双臂侧平举]

- 组数：3~5 组
- 次数：8~12 次
- 强度：8~12 RM
- 间歇：60~90 秒
  （上一组的疲劳完全恢复
  之前开始下一组）
- 页数：38

哑铃训练计划

肩部训练计划 2

有效地掌握训练计划，让锻炼事半功倍

[稳定双臂侧平举]

- 组数：2~3 组
- 次数：8~12 次
- 强度：8~12 RM
- 间歇：60~90 秒
（上一组的疲劳完全恢复
之前开始下一组）
- 页数：71

[稳定纵向站立双臂前平举]

- 组数：2~3 组
- 次数：8~12 次
- 强度：8~12 RM
- 间歇：60~90 秒
（上一组的疲劳完全恢复
之前开始下一组）
- 页数：90

[稳定纵向双臂侧平举]

- 组数：2~3 组
- 次数：8~12 次
- 强度：8~12 RM
- 间歇：60~90 秒
  （上一组的疲劳完全恢复
  之前开始下一组）
- 页数：73

[稳定纵向双臂前平举]

- 组数：2~3 组
- 次数：8~12 次
- 强度：8~12 RM
- 间歇：60~90 秒
  （上一组的疲劳完全恢复
  之前开始下一组）
- 页数：74

哑铃训练计划

胸部训练计划

有效地掌握训练计划，让锻炼事半功倍

[双臂胸前推]

- 组数：3~5 组
- 次数：8~12 次
- 强度：8~12 RM
- 间歇：60~90 秒
  （上一组的疲劳完全恢复之前开始下一组）
- 页数：59

[双臂飞鸟]

- 组数：3~5 组
- 次数：8~12 次
- 强度：8~12 RM
- 间歇：60~90 秒
  （上一组的疲劳完全恢复之前开始下一组）
- 页数：60

[上斜卧推]

- 组数：3~5 组
- 次数：8~12 次
- 强度：8~12 RM
- 间歇：60~90 秒
  （上一组的疲劳完全恢复
  之前开始下一组）
- 页数：32

[仰卧双臂飞鸟]

- 组数：3~5 组
- 次数：8~12 次
- 强度：8~12 RM
- 间歇：60~90 秒
  （上一组的疲劳完全恢复
  之前开始下一组）
- 页数：36

哑铃训练计划

背部训练计划

有效地掌握训练计划，让锻炼事半功倍

[双臂弯举直腿硬拉]

- 组数：3~5 组
- 次数：8~12 次
- 强度：8~12 RM
- 间歇：60~90 秒
  （上一组的疲劳完全恢复
  之前开始下一组）
- 页数：31

[背起交替转体]

- 组数：3~5 组
- 次数：8~12 次
- 强度：8~12 RM
- 间歇：60~90 秒
  （上一组的疲劳完全恢复
  之前开始下一组）
- 页数：46

[仰卧下拉]

- 组数：3~5 组
- 次数：8~12 次
- 强度：8~12 RM
- 间歇：60~90 秒
  （上一组的疲劳完全恢复
  之前开始下一组）
- 页数：35

[俯身后拉]

- 组数：3~5 组
- 次数：8~12 次
- 强度：8~12 RM
- 间歇：60~90 秒
  （上一组的疲劳完全恢复
  之前开始下一组）
- 页数：40

[俯身反向飞鸟]

- 组数：3~5 组
- 次数：8~12 次
- 强度：8~12 RM
- 间歇：60~90 秒
  （上一组的疲劳完全恢复
  之前开始下一组）
- 页数：43

哑铃训练计划

核心训练计划一

有效地掌握训练计划，让锻炼事半功倍

[球上卷腹]

- 组数：3~5 组
- 次数：8~12 次
- 强度：8~12 RM
- 间歇：60~90 秒
  （上一组的疲劳完全恢复
  之前开始下一组）
- 页数：86

[单臂交替卧推]

- 组数：3~5 组
- 次数：8~12 次
- 强度：8~12 RM
- 间歇：60~90 秒
  （上一组的疲劳完全恢复
  之前开始下一组）
- 页数：78

[分腿单臂外展]

- 组数：3~5 组
- 次数：8~12 次
- 强度：8~12 RM
- 间歇：60~90 秒
  （上一组的疲劳完全恢复
  之前开始下一组）
- 页数：81

[交替上举]

- 组数：3~5 组
- 次数：8~12 次
- 强度：8~12 RM
- 间歇：60~90 秒
  （上一组的疲劳完全恢复
  之前开始下一组）
- 页数：83

[坐姿哑铃颈后臂屈伸]

- 组数：3~5 组
- 次数：8~12 次
- 强度：8~12 RM
- 间歇：60~90 秒
  （上一组的疲劳完全恢复
  之前开始下一组）
- 页数：64

第 2 章

哑铃训练计划

核心训练计划 2

有效地掌握训练计划，让锻炼事半功倍

[卧推]

- 组数：3~5 组
- 次数：8~12 次
- 强度：8~12 RM
- 间歇：60~90 秒
  （上一组的疲劳完全恢复
  之前开始下一组）
- 页数：77

[直臂下拉]

- 组数：3~5 组
- 次数：8~12 次
- 强度：8~12 RM
- 间歇：60~90 秒
  （上一组的疲劳完全恢复
  之前开始下一组）
- 页数：82

[飞鸟]

- 组数：3~5 组
- 次数：8~12 次
- 强度：8~12 RM
- 间歇：60~90 秒
  （上一组的疲劳完全恢复
  之前开始下一组）
- 页数：80

24

[仰卧哑铃颈后臂屈伸]

- 组数：3~5 组
- 次数：8~12 次
- 强度：8~12 RM
- 间歇：60~90 秒
  （上一组的疲劳完全恢复
  之前开始下一组）
- 页数：87

[手臂外旋外展反向飞鸟]

- 组数：3~5 组
- 次数：8~12 次
- 强度：8~12 RM
- 间歇：60~90 秒
  （上一组的疲劳完全恢复
  之前开始下一组）
- 页数：85

哑铃训练计划

臀腿训练计划

有效地掌握训练计划，让锻炼事半功倍

[双臂 1/2 奥林匹克挺举]

- 组数：3~5 组
- 次数：8~12 次 / 侧
- 强度：8~12 RM
- 间歇：60~90 秒
  （上一组的疲劳完全恢复之前开始下一组）
- 页数：55

[分腿蹲]

- 组数：3~5 组
- 次数：8~12 次 / 侧
- 强度：8~12 RM
- 间歇：60~90 秒
  （上一组的疲劳完全恢复之前开始下一组）
- 页数：45

[双腿罗马尼亚硬拉]

- 组数：3~5 组
- 次数：8~12 次
- 强度：8~12 RM
- 间歇：60~90 秒
  （上一组的疲劳完全恢复之前开始下一组）
- 页数：49

[前弓步]

- 组数：3~5 组
- 次数：8~12 次 / 侧
- 强度：8~12 RM
- 间歇：60~90 秒
  （上一组的疲劳完全恢复之前开始下一组）
- 页数：50

[前蹲]

- 组数：3~5 组
- 次数：8~12 次
- 强度：8~12 RM
- 间歇：60~90 秒
  （上一组的疲劳完全恢复
  之前开始下一组）
- 页数：51

[单腿罗马尼亚硬拉]

- 组数：3~5 组
- 次数：8~12 次 / 侧
- 强度：8~12 RM
- 间歇：60~90 秒
  （上一组的疲劳完全恢复
  之前开始下一组）
- 页数：53

[相扑深蹲]

- 组数：3~5 组
- 次数：8~12 次
- 强度：8~12 RM
- 间歇：60~90 秒
  （上一组的疲劳完全恢复
  之前开始下一组）
- 页数：34

第 1 章 认识哑铃

第 2 章 哑铃训练计划

第 3 章 哑铃训练动作

第 4 章 哑铃与其他小器械的训练动作

27

chapter

03

哑铃训练动作

本章详细介绍各训练动作，对动作进行了不同难度等级的分类，训练者可以根据自身水平进行选择，达到训练目标。

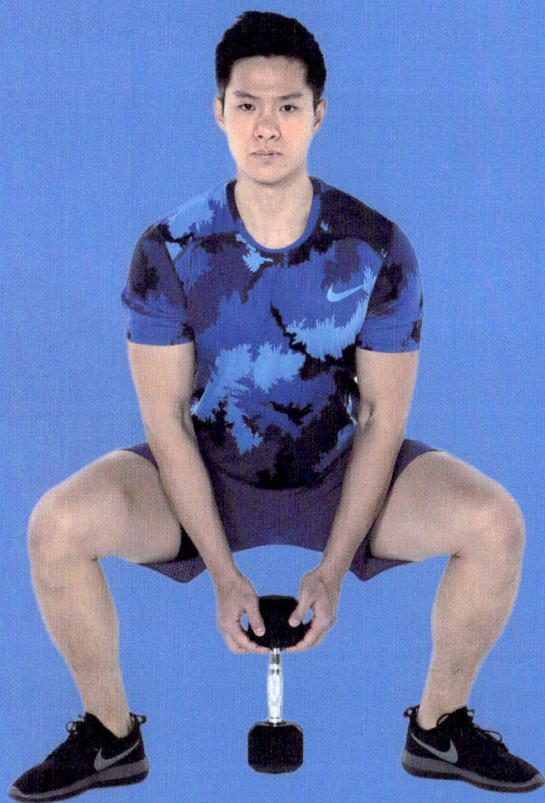

初级训练动作

单侧肩外旋\双臂弯举直腿硬拉

单侧肩外旋 >>

扫一扫，看视频

① 身体侧卧，下侧手臂屈肘撑在垫子上，并使肘部位于肩部正下方；上侧手握哑铃，屈肘，肘关节固定于髋关节位置，前臂平行于地面。双腿并拢，微微屈膝。

② 上侧手肘部维持原状态，肩部向外旋转至最大幅度。

知识点
单侧肩外旋可以锻炼肩部后侧肌肉。

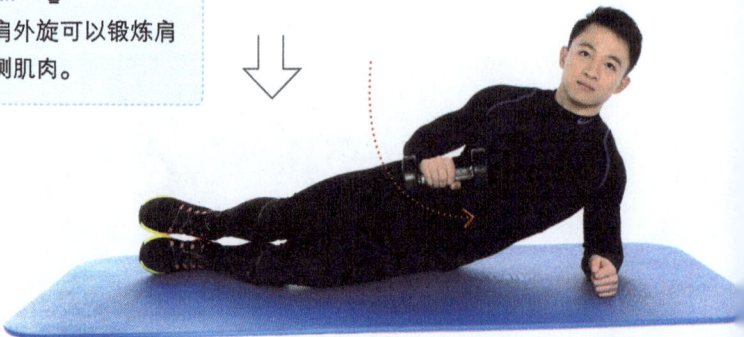

③ 回到起始姿势，重复规定次数。换至对侧重复以上步骤。

小提示
运动过程中，始终保持核心收紧。上侧手臂的上臂贴近身体，仅前臂进行上下运动。全程配合动作均匀呼吸。

双臂弯举直腿硬拉 ≫

扫一扫，看视频

知识点

双臂弯举直腿硬拉通过俯身与站起的运动完成对背部及大腿后侧肌肉的锻炼。

1 双脚开立，与肩同宽。双手握紧哑铃，放在肩部上方位置。

2 保持身体稳定，以髋部为轴，向下俯身。

3 持续向下俯身至躯干与大腿呈90度角。

4 保持背部挺直，大腿后侧肌肉发力，回到起始姿势，重复规定次数。

小提示

运动过程中，保持腿部伸直，双脚始终在原地，以避免重心不稳定。
同时，保持背部挺直。

31

上斜卧推

初级训练动作

上斜卧推／双侧伸腕练习

扫一扫，看视频

1 将训练椅调整到与地面呈 30 ～ 45 度角。仰卧于训练椅上，双手握紧哑铃，放置于肩关节上方。

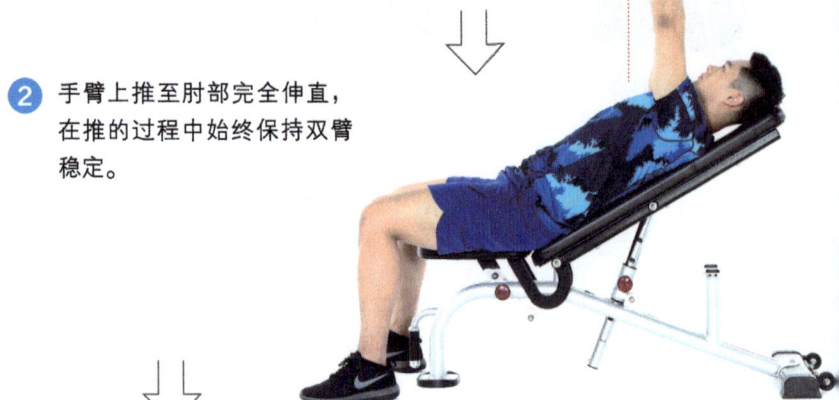

2 手臂上推至肘部完全伸直，在推的过程中始终保持双臂稳定。

3 回到起始姿势，重复规定次数。

知识点

上斜卧推可以有效锻炼胸部和肩部肌肉。

小提示

运动过程中，始终保持核心收紧，背部挺直。吸气时手臂下降，呼气时手臂上推。

双侧伸腕练习 »

知识点 💡

双侧伸腕练习主要锻炼手臂的桡侧腕长伸肌、桡侧腕短伸肌与尺侧腕伸肌，通过腕部的屈曲与伸展，增强手臂肌肉力量。

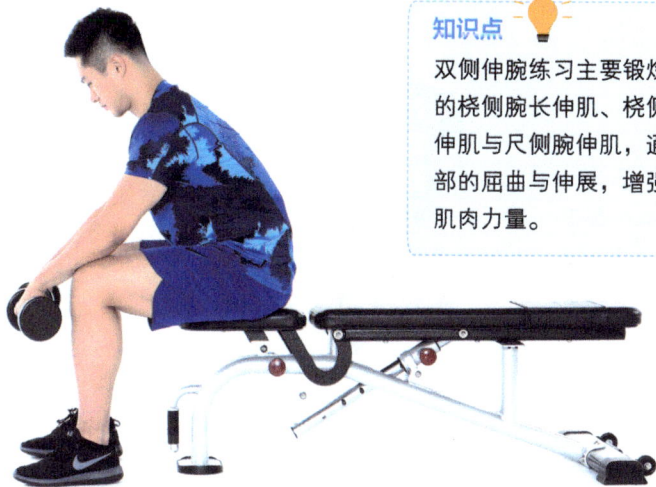

1️⃣ 坐姿，双手手心向后握紧哑铃，前臂靠在膝盖位置，腕关节悬在半空。

小提示 ❗

运动过程中，注意手臂保持不动，利用前臂的力量上下移动哑铃，全程均匀呼吸。

2️⃣ 双手同时向上伸腕至手心向下或前下。回到起始姿势，重复规定次数。

目标肌肉

桡侧腕长伸肌和桡侧腕短伸肌：两者近固定时，使腕关节伸和外展。
尺侧腕伸肌：位于前臂后侧的浅层伸肌之一，近固定时，使腕关节伸和内收。

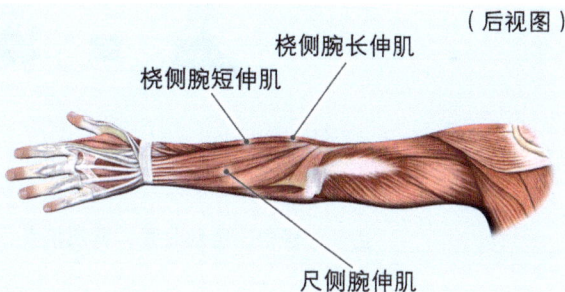

（后视图）

桡侧腕长伸肌
桡侧腕短伸肌
尺侧腕伸肌

33

哑铃训练动作

初级训练动作

相扑深蹲、仰卧下拉

相扑深蹲 ≫

扫一扫，看视频

知识点 💡

相扑深蹲侧重于锻炼大腿肌肉，包括大腿前侧的股四头肌，以及大腿后侧的腘绳肌，此动作还可以增强臀部肌肉力量。

1 双腿分开，略比肩宽，双脚稍稍向外打开，双手同握一个哑铃，在体前自然下垂。

2 保持上身挺直，双腿向脚尖方向屈膝下蹲。

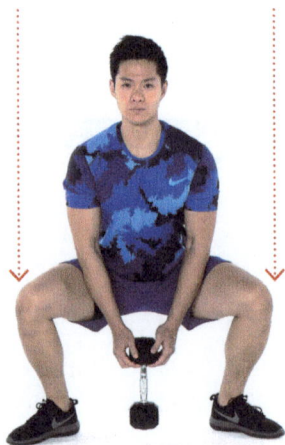

3 身体重心下降，直至大腿与地面平行。稍做停顿，恢复至起始姿势，重复规定次数。

小提示 ❗

运动过程中，腹部收紧，背部挺直，缓慢下蹲，直至大腿与地面平行。

扫一扫，看视频

第一章 认识哑铃

第 2 章 哑铃训练计划

第 3 章 哑铃训练动作

第 4 章 哑铃与其他小器械的训练动作

知识点 💡

仰卧上拉通过肩关节屈伸动作来增强肩部周围肌肉的力量，着重锻炼背阔肌和大圆肌。

1 仰卧姿，双腿屈膝，双脚撑在垫子上，双手一起握住一个哑铃，双臂向上举起哑铃至垂直于地面。

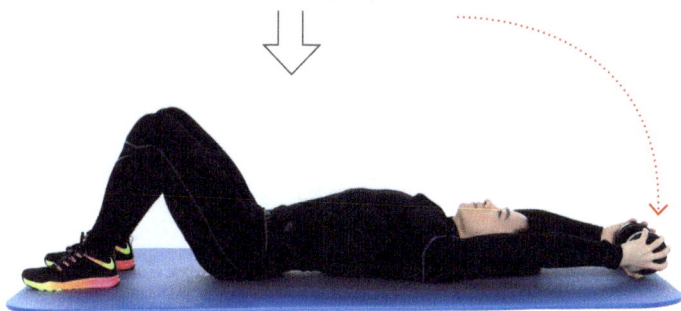

2 保持躯干和下肢姿势不变，双臂伸直向头顶运动至平行于地面。

小提示 ❗

运动过程中，核心收紧，背部保持平直，双臂始终伸直，手臂下降时吸气，上升时呼气。

3 稍做停顿，回到起始姿势，完成规定次数。

目标肌肉

背阔肌：位于下背部和腰区浅层较宽大的扁肌，并由胸背神经支配。
大圆肌：位于人体小圆肌的下侧，在肩关节内旋、内收和伸展时发挥作用。

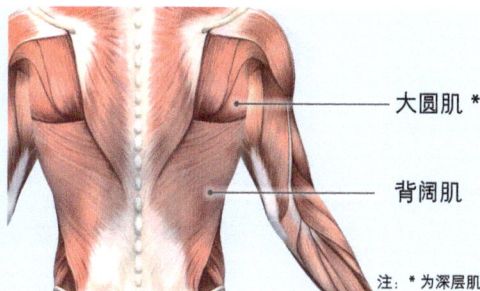

大圆肌 *

背阔肌

注：* 为深层肌肉

35

初级训练动作

仰卧双臂飞鸟、过顶臂屈伸

仰卧双臂飞鸟>>

扫一扫，看视频

① 仰卧姿，双手举哑铃，拳心相对，双臂伸展开，距离与肩部宽度相同。

② 躯干与大腿呈一条直线。肘关节微屈，双臂打开至肘关节略低于肩部，做飞鸟练习。

知识点
仰卧双臂飞鸟可锻炼胸大肌，增强胸部肌肉力量。

③ 胸部主动发力，双手上举哑铃至起始姿势，重复规定次数。

小提示

运动过程中，注意核心收紧，背部挺直。吸气时手臂下降，呼气时手臂上升。

过顶臂屈伸 ≫

扫一扫，看视频

知识点 💡

过顶臂屈伸通过肘部的屈曲与伸展，锻炼肱三头肌，增强手臂肌群的力量。运动时双臂屈肘，双手握紧哑铃，将哑铃置于颈部后方。

① 双脚开立，与肩同宽。双手握哑铃，置于颈部后方。

② 身体姿势不变，伸展肘关节。

③ 将哑铃举至头顶后上方。

④ 恢复至起始姿势，重复规定次数。

小提示 ❗

运动过程中，保持核心收紧，吸气时弯曲手臂，呼气时伸手臂。

哑铃训练动作

初级训练动作

双臂侧平举 ╱ 双臂锤式弯举

双臂侧平举 ≫

扫一扫，看视频

知识点 💡

双臂侧平举可以锻炼肩部肌肉，通过肩关节内收与外展，增强冈上肌、三角肌的力量。

① 双脚开立，与肩同宽。双手握哑铃，自然放置于身体两侧。

② 肩部发力，双臂同时侧平举。

③ 回到起始姿势，重复规定次数。

小提示 ❗

运动过程中，核心收紧。呼吸同样重要，手臂放下时吸气，抬起时呼气。

双臂锤式弯举 »

扫一扫，看视频

知识点

双臂锤式弯举通过弯曲和伸展肘关节，锻炼手臂肌肉，包括肱二头肌和肱桡肌。

① 双脚打开，与肩同宽。双手握哑铃，置于身体两侧，拳心相对。

② 双臂弯曲，上举哑铃。

目标肌肉

肱二头肌：位于上臂前侧，呈梭形，近固定时作用为屈肘及使前臂后旋。

肱桡肌：位于前臂肌的最外侧皮下，呈长扁形，由桡神经支配。

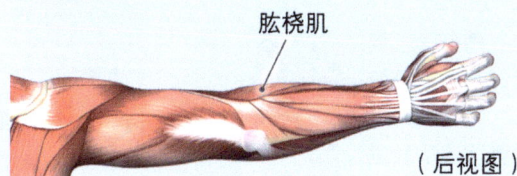

肱二头肌

（前视图）

肱桡肌

（后视图）

小提示 ！

运动过程中核心收紧，呼气时肘部弯曲，吸气时还原。

③ 回到起始姿势，重复规定次数。

初级训练动作

俯身后拉\双臂提拉

俯身后拉 >>

扫一扫，看视频

知识点 💡
俯身后拉可以锻炼肩部的三角肌与背部的背阔肌、斜方肌和菱形肌。

① 双脚开立，与肩同宽。向前俯身，膝盖微屈。双手握哑铃，拳心相对。

② 背部挺直，背部肌肉发力，双臂靠近身体上提肘关节。

小提示 ❗
双臂后拉时呼气，恢复时吸气。核心始终收紧，手臂紧贴身体。

③ 回到起始姿势，重复规定次数。

目标肌肉

三角肌：位于肩部，呈三角形，主要使肩关节外展，后部肌纤维收缩可使肩关节后伸。
背阔肌：位于下背部和腰区浅层较宽大的扁肌，并由胸背神经支配。
斜方肌：位于上背及中背部的表层肌肉，中部肌纤维可拉肩胛骨向中线靠拢，并使肩胛骨上回旋。
菱形肌：位于两侧肩胛骨中间，斜方肌深层，可使两侧肩胛骨向中线靠拢。

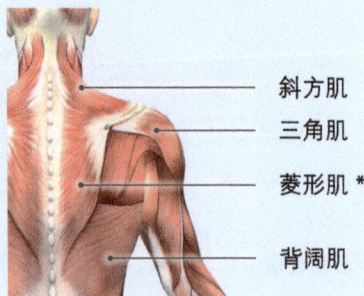

斜方肌
三角肌
菱形肌 *
背阔肌

注：* 为深层肌肉

扫一扫，看视频

第一章 认识哑铃

第 2 章 哑铃训练计划

第 3 章 哑铃训练动作

第 4 章 哑铃与其他小器械的训练动作

知识点

双臂提拉主要锻炼肩部的三角肌。

1. 双脚开立，与肩同宽。双手握哑铃，手心朝内，放在身体前方。

2. 肩部发力，双臂从身体两侧向上抬时，并将哑铃向上提拉，背部保持挺直。

3. 继续向上抬肘和提拉哑铃，直至哑铃与肩同高。

4. 回到起始姿势，重复规定次数。

小提示

双臂向上提拉过程中呼气，恢复动作过程中吸气。核心收紧，向前看，避免耸肩，背部保持挺直。

41

初级训练动作

双侧提踵 \ 俯身反向飞鸟

双侧提踵 >>

知识点 💡

双侧提踵可以有效锻炼腓肠肌，通过踝关节的跖屈来增强小腿肌群的力量。

扫一扫，看视频

① 双脚距离与肩部宽度相同。双臂伸直，双手握哑铃垂于身体两侧。

② 确保身体稳定，腿部发力，脚跟抬起。

③ 回到起始姿势，重复规定次数。

小提示 ❗

运动过程中，双腿伸直，核心收紧，背部挺直，并保持呼吸均匀。

目标肌肉

腓肠肌：小腿后面浅层的大块肌肉，由胫神经支配，对人的直立和行走起着非常重要的作用。

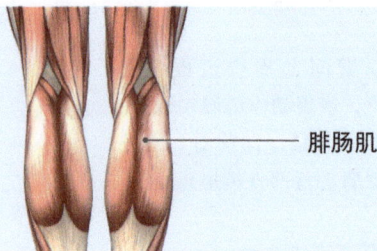

腓肠肌

扫一扫，看视频

知识点 💡

俯身反向飞鸟可以锻炼背部上方的斜方肌、菱形肌和肩部的三角肌。

① 坐在训练椅上，上身前俯使胸部与大腿接触，双手握哑铃自然下垂。

② 保持躯干稳定，背部主动发力，双臂同时做侧平举。

③ 回到起始姿势，重复规定次数。

小提示 ✏

运动过程中，注意核心要收紧，背部发力。侧平举时呼气，恢复时吸气。

43

中级训练动作

单臂借力下蹲上举 \ 分腿蹲

知识点 💡

单臂借力下蹲上举可锻炼三角肌、股四头肌等肌肉，增强肩部肌肉力量。

1 站立姿，双脚之间的距离稍稍大于肩宽，一侧手握哑铃，屈肘将哑铃置于肩部上方。

2 保持身体重心稳定，上身挺直，屈膝下蹲至大腿平行于地面，同时手臂向上推举哑铃。

3 保持手臂不动，臀部与腿部发力，伸髋伸膝站直。回到起始姿势，重复规定次数。

小提示 ❗

运动过程中，核心收紧，背部挺直，下蹲时膝部不要越过脚尖位置。全程保持呼吸均匀。

分腿蹲 >>

扫一扫，看视频

知识点 💡

分腿蹲可以有效锻炼臀大肌和股四头肌，通过髋关节和膝关节的屈曲与伸展增强大腿和臀部肌群力量。

1 双腿左前右后分开站立，右脚脚跟离地。双手握哑铃，双臂垂于身体两侧。

2 背部保持挺直，左腿屈膝屈髋下蹲至大腿与地面平行。

3 左侧臀部发力，恢复至起始姿势，重复规定次数。

小提示 ❗

运动过程中，核心收紧，背部挺直，保持膝部不要越过脚尖位置。

45

中级训练动作

背起交替转体

扫一扫，看视频

① 俯卧于训练椅上，双脚固定在训练椅上，胸部以上悬空，高度低于水平面。双手握一个哑铃放在脸部下方。

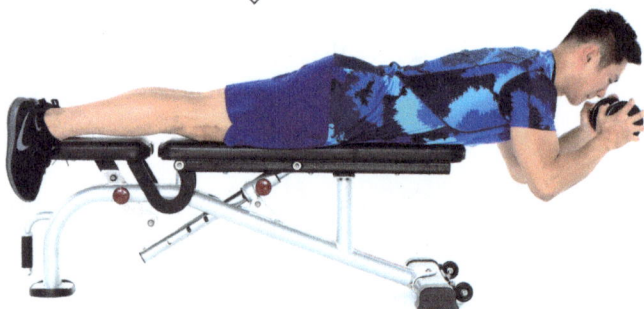

② 双腿保持不动，臀部和背部肌肉发力，向上抬起上身至平行于地面。

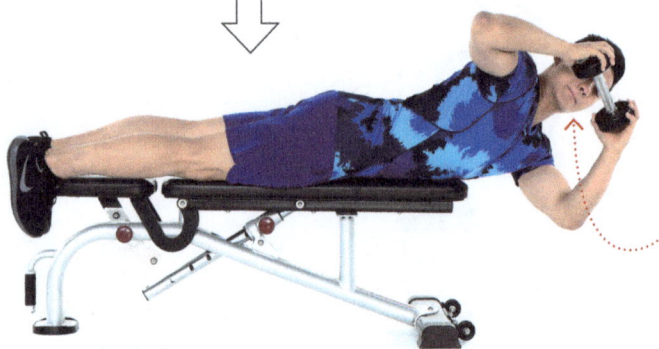

③ 保持身体稳定，上身向右转。

小提示

运动过程中，核心收紧。双手始终握紧哑铃，双眼随着哑铃的移动而移动。全程均匀呼吸。

知识点 💡

背起交替转体主要提升背部竖脊肌、臀部臀大肌的力量，侧重于强化背部肌肉。

④ 动作完成，回到起始姿势。

⑤ 再次向上抬起上身，至与地面平行。

⑥ 上身向左转。

⑦ 恢复至起始姿势，重复规定次数。

目标肌肉

竖脊肌：负责撑起我们的脊柱，位于脊柱两侧，可使脊柱向后伸展。

臀大肌：是身体最强壮的肌肉之一，位于骨盆后外侧，臀部皮下，下固定时可使骨盆后倾并保持骨盆稳定。

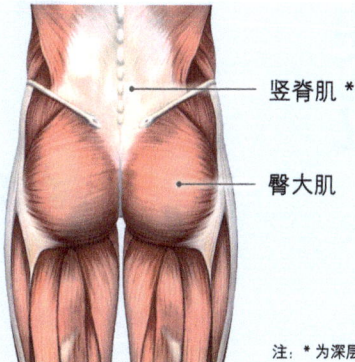

竖脊肌 *

臀大肌

注：* 为深层肌肉

哑铃训练动作

中级训练动作

弓步侧平举 / 双腿罗马尼亚硬拉

弓步侧平举 >>

扫一扫，看视频

① 双脚开立，与肩同宽。双手握哑铃垂于身体两侧。

② 右腿前迈，变为弓步姿势，双臂向两侧平举。

知识点

弓步侧平举可以锻炼大腿、臀部、肩部等部位的肌肉，增强股四头肌、臀大肌、三角肌等肌肉的力量。

小提示

运动过程中，保持核心收紧，背部挺直，做弓步姿势时膝盖的方向与脚尖一致。全程保持均匀呼吸。

③ 右腿发力蹬地，恢复至起始姿势，然后换另一条腿做弓步侧平举。重复规定次数。

双腿罗马尼亚硬拉 》

知识点 💡

双腿罗马尼亚硬拉可以锻炼臀大肌和腘绳肌，通过髋关节的屈曲与伸展，增强臀部和大腿后侧肌群的力量。

1️⃣ 双脚开立，与肩同宽。略微屈膝，上身挺直下俯。双手握哑铃垂于双脚上方。

2️⃣ 背部保持挺直，臀部发力，恢复站姿，将哑铃提起。

3️⃣ 提拉哑铃直至上身完全直立。恢复至起始姿势，重复规定次数。

小提示 ❗

向下俯身时吸气，恢复时呼气。始终保持核心收紧，背部挺直。

第一章 认识哑铃

第 2 章 哑铃训练计划

第 3 章 哑铃训练动作

第 4 章 哑铃与其他小器械的训练动作

中级训练动作

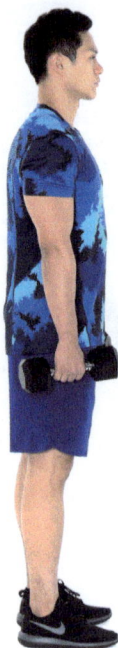

前弓步 / 前蹲

扫一扫，看视频

知识点 💡
前弓步着重锻炼大腿的股四头肌与臀部的臀大肌，增强这两个部位的力量。

① 直立姿，上身挺直，双手握紧哑铃，双臂垂于身体两侧。

② 右腿前迈，变为弓步姿势，上身及双臂姿势不变。

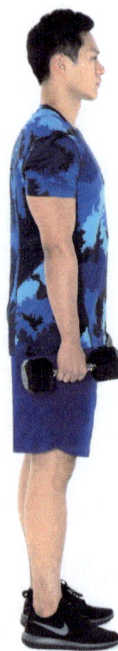

③ 右腿发力，回到起始姿势。重复规定次数。

小提示 ❗
运动过程中，核心收紧，做弓步姿势时膝盖的方向与脚尖一致。注意呼吸的配合，身体下降时吸气，回到起始姿势时呼气。

前蹲 》》

扫一扫，看视频

知识点 💡

前蹲可锻炼大腿的股四头肌与臀部的臀大肌，增强这些部位肌肉的力量。

① 双脚开立，与肩同宽。身体挺直，双手持哑铃置于肩部。

② 保持身体重心稳定，上身挺直，双腿屈髋屈膝下蹲至大腿平行于地面。

③ 双臂保持不动，臀部与腿部发力，伸髋伸膝站直。回到起始姿势，重复规定次数。

小提示 ❗

注意呼吸的配合，身体下降时吸气，回到起始姿势时呼气。同时保持核心收紧，上身挺直。

目标肌肉

臀大肌：是身体最强壮的肌肉之一，位于骨盆后外侧，可以使髋关节伸展。
股四头肌：人体的大腿肌肉群，位于大腿前面，可以使膝关节伸直。

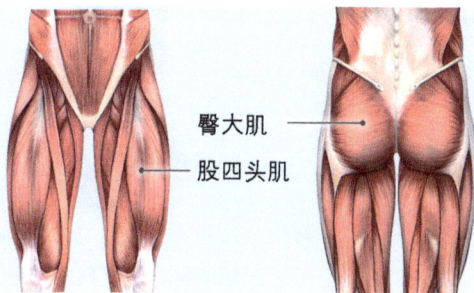

臀大肌
股四头肌

哑铃训练动作

高级训练动作

单臂抓举／单腿罗马尼亚硬拉

单臂抓举 >>

扫一扫，看视频

1 半蹲姿势，双脚稍稍分开，距离与肩宽相同，单手握哑铃置于同侧膝关节前侧。

2 臀腿发力蹬伸，同时沿靠近身体的路线向上提拉哑铃。

3 单手抓举哑铃至头上。回到起始姿势，重复规定次数。

小提示 ❗

动作过程中，核心始终收紧，保持动作连贯，且哑铃的移动路线尽量贴近身体。全程均匀呼吸。

知识点 💡

单腿罗马尼亚硬拉可以有效锻炼臀部、大腿后侧肌肉，增强臀大肌、腘绳肌的力量。

扫一扫，看视频

1 单脚站立，双手握紧哑铃，双臂垂于身体两侧。

2 支撑腿屈髋，非支撑腿向后抬起，同时向下俯身。

3 上身下俯至与地面平行，同时后腿上抬。稍做停顿，恢复至起始姿势，重复规定次数。

小提示 ❗

动作过程中，背部保持挺直，核心收紧，注意骨盆要保持中立位，不要左右偏转，上身下俯至与地面平行。俯身时吸气，恢复时呼气。

高级训练动作

单腿深蹲/双臂1/2奥林匹克挺举

扫一扫，看视频

> **知识点** 💡
> 单腿深蹲可以锻炼臀大肌和股四头肌，增强臀部及大腿力量。

1 双手握哑铃，单腿站立，上身挺直，双臂垂于体侧。

2 支撑腿屈膝屈髋下蹲，同时非支撑腿后展。

3 保持双臂伸直，下蹲至哑铃位于支撑腿膝关节位置。稍做停顿，恢复至起始姿势，重复规定次数。

小提示 ❗

运动过程中，身体下降时吸气，恢复时呼气，核心收紧，保持身体稳定、骨盆中立。

知识点

双臂 1/2 奥林匹克挺举可锻炼臀大肌、股四头肌和三角肌等肌肉，可有效增强臀部、腿部和肩部力量。

1 双脚开立，与肩同宽。双手握紧哑铃放在肩关节前。

2 屈髋屈膝使重心快速下移呈弓步支撑，同时手臂向上伸直，将哑铃举过头顶。

3 将后腿收回，保持双臂伸直。回到起始姿势，重复规定次数。

小提示

动作过程中，核心保持收紧，背部平直，双手拳心相对握紧哑铃，目视前方。注意膝关节不要超过脚尖。全程均匀呼吸。

chapter

04

哑铃与其他小器械的训练动作

本章介绍哑铃与其他器械的组合动作，如结合弹力带、瑞士球或半泡沫轴等器械进行训练。将哑铃与不同器械相结合可以适当增加训练难度，进一步锻炼身体的各个部位。

第4章

哑铃与其他小器械的训练动作

初级训练动作

双臂前平举╲双臂胸前推

扫一扫，看视频

知识点 💡
双臂前平举侧重于增强肩部力量，锻炼三角肌。

① 直立姿，双脚间距与肩宽相同，脚踩弹力带中部。双臂伸直下放，双手分别握一个哑铃，同时握紧弹力带两端。

② 保持双臂伸直并向前上抬起双臂呈前平举姿势。回到起始姿势，重复规定次数。

小提示 ❗

运动过程中，核心保持收紧，背部挺直，双手拳心朝下握紧哑铃，不要耸肩。注意呼吸，手臂上抬时呼气，下降时吸气。

知识点

双臂胸前推可以增强胸部肌肉力量，着重强化胸大肌。

1 仰卧姿，屈双膝，双脚支撑在垫子上。将弹力带从背后穿过，双手握哑铃的同时握紧弹力带两端。保持弹力带有一定张力。

小提示

运动过程中，保持背部挺直，核心收紧。手臂下降时吸气，手臂上推时呼气。

2 保持身体姿势不变，胸部发力，双臂向上推，直至手臂与地面垂直。

3 维持身体稳定，双脚位置固定，双臂收回。重复规定次数。

第一章 认识哑铃

第 2 章 哑铃训练计划

第 3 章 哑铃训练动作

第 4 章 哑铃与其他小器械的训练动作

初级训练动作

双臂飞鸟/单臂基本弯举

双臂飞鸟 >>

扫一扫，看视频

① 仰卧姿，双腿屈曲，双脚支撑身体，双臂上举，肘部伸直，双手置于胸部上方，分别紧握哑铃，哑铃分别与弹力带一端固定，将弹力带从背后穿过，使弹力带有一定的张力。

② 维持身体稳定，双臂保持伸直，向身体两侧移动。

知识点 💡

双臂飞鸟可增强胸肌力量，着重锻炼胸大肌。

③ 胸部发力，回到初始姿势。重复规定次数。

小提示 ❗

注意手臂下降时吸气，手臂上升时呼气。运动时，保持背部挺直，核心收紧。

单臂基本弯举 》》

扫一扫，看视频

知识点 💡

单臂基本弯举可以增强手臂肌肉的力量，锻炼肱二头肌等。

小提示 ❗

注意呼吸的配合，手臂举起时呼气，还原时吸气。运动过程中，保持上臂位置固定，核心收紧。

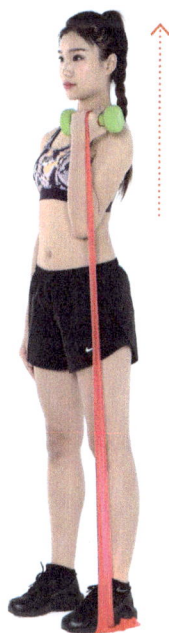

① 身体挺直站立，双脚左右分开，距离和肩部宽度相同。一脚踩弹力带的一端，该侧手握一个哑铃，哑铃与弹力带另一端固定，手臂伸展开，使弹力带有一定张力。

② 上臂发力，弯曲手臂。

目标肌肉

肱二头肌：肱二头肌位于上臂前侧，整肌呈梭形，近固定时作用为屈肘及使前臂后旋。

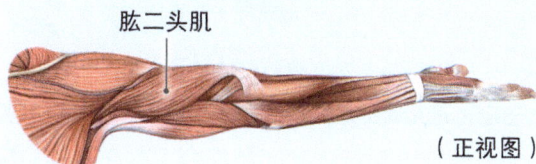

肱二头肌

（正视图）

③ 手臂向上弯曲至最大限度。回到起始姿势，重复规定次数。

哑铃与其他小器械的训练动作

中级训练动作

直握过顶推举 / 直握交替过顶推举

扫一扫，看视频

知识点 💡

直握过顶推举可增强肩部、手臂肌肉的力量，着重锻炼三角肌。

1 在瑞士球上坐稳，上身挺直，双手握哑铃，双臂保持伸直状态上举，拳心相对。

2 核心收紧，双臂屈肘向下至哑铃位于肩部前方。恢复至起始姿势，重复规定次数。

小提示 ❗

运动过程中，保持身体稳定，避免瑞士球晃动，手臂上举时呼气，下降时吸气。

直握交替过顶推举 »

扫一扫，看视频

知识点 💡

直握交替过顶推举可以锻炼肩部、手臂肌肉，着重增强三角肌的力量。

1️⃣ 在瑞士球上坐稳，上身挺直，双手握哑铃，双臂保持伸直状态上举，拳心相对。

2️⃣ 一侧手臂保持伸直，另一侧手臂屈肘向下，直至哑铃位于肩部前方。

3️⃣ 保持身体稳定，恢复至起始姿势，换另一侧手臂屈肘向下。重复规定次数。

小提示 ❗

运动过程中，保持身体稳定，避免瑞士球晃动，手臂上举时呼气，下降时吸气。

中级训练动作

坐姿哑铃颈后臂屈伸／坐姿侧平举

坐姿哑铃颈后臂屈伸 >>

扫一扫，看视频

知识点

坐姿哑铃颈后臂屈伸通过肘关节的屈曲与伸展，有效地锻炼肱三头肌。

① 在瑞士球上坐稳，上身挺直，双手握哑铃，双臂伸直上举，拳心相对。

② 保持上臂不动，屈肘将哑铃下降至颈后。缓慢恢复至起始姿势，重复规定次数。

小提示

注意配合呼吸，手臂向上时呼气，下降时吸气。运动过程中，核心收紧，上身挺直。双脚位置固定。

扫一扫，看视频

知识点 💡
坐姿侧平举可有效增强肩部肌肉力量，锻炼三角肌和冈上肌。

1 在瑞士球上坐稳，上身挺直，双手握紧哑铃，双臂自然垂于身体两侧。

2 保持身体稳定，肩部发力，双臂侧平举至肩部高度。稍做停顿，恢复至起始姿势，重复规定次数。

小提示 ❗
运动过程中，核心保持收紧。上身挺直，注意双脚紧贴地面，不要耸肩。

扫一扫，看视频

中级训练动作

靠墙肱二头肌弯举／肱二头肌弯举

① 双脚开立，双手握哑铃置于体侧，手心向前，挺直胸背，屈髋屈膝，用背部将瑞士球顶在墙面上。

知识点 💡
靠墙肱二头肌弯举可以增强核心、手臂和大腿肌群的力量及稳定性。

② 保持身体重心稳定，尽量保持上臂位置固定，双臂屈肘向上弯举至最大限度。恢复至起始姿势，重复规定次数。

小提示 ❗
双腿维持身体稳定，核心收紧，身体姿势始终不变。全程均匀呼吸。

肱二头肌弯举 »

扫一扫，看视频

知识点 💡
肱二头肌弯举主要锻炼肱二头肌，通过肘关节屈曲与伸展，增强手臂的力量。

① 身体俯卧于瑞士球上，膝关节撑在垫子上。双手持哑铃，上臂伸直置于球上，手心向前。

小提示 ❗
运动过程中，核心保持收紧，上臂维持原姿势。腹部紧贴球面。全程均匀呼吸。

② 保持身体稳定，双臂屈肘向上弯举哑铃，使哑铃靠近肩部。恢复至起始姿势，重复规定次数。

目标肌肉

肱二头肌：位于上臂前侧，整肌呈梭形，近固定时作用为屈肘及使前臂后旋。

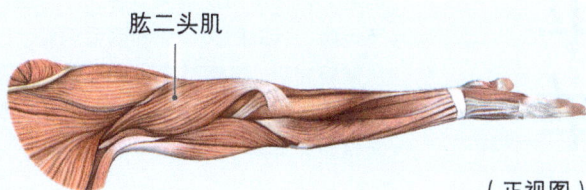

肱二头肌

（正视图）

肘撑手腕屈伸\不稳定双臂侧平举

肘撑手腕屈伸 >>

扫一扫，看视频

① 跪姿，双手握哑铃，前臂在瑞士球上撑稳，手心朝上。

知识点

肘撑手腕屈伸可以增强小臂前侧肌群的力量，着重锻炼桡侧腕屈肌与尺侧腕屈肌。

② 保持上臂不动，前臂前侧发力屈腕举起哑铃至最大限度。回到起始姿势，重复规定次数。

小提示

运动过程中，全程均匀呼吸。注意核心收紧，背部始终保持挺直，上臂、前臂维持稳定。

目标肌肉

桡侧腕屈肌：桡侧腕屈肌分布在人体的前臂上，作用为使腕关节屈，参与腕关节外展、辅助肘关节屈和前臂内旋。
尺侧腕屈肌：与桡侧腕屈肌同属上肢肌，分布在人体的前臂上，使腕关节屈，参与桡腕关节内收和肘关节屈曲。

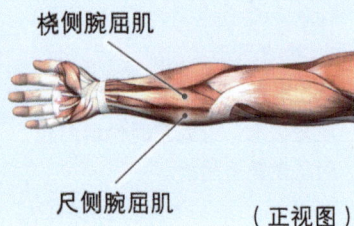

桡侧腕屈肌

尺侧腕屈肌

（正视图）

① 将半泡沫轴平面朝上置于垫子上，身体保持挺直，站立于半泡沫轴上，双脚左右分开，距离略大于肩宽。双手握紧哑铃，双臂自然垂于身体两侧。

② 保持身体重心稳定，肩部发力，双臂伸直上抬做侧平举。

知识点 💡

不稳定双臂侧平举可以增强肩部、核心以及踝关节的稳定性，着重锻炼三角肌、核心与踝关节周围肌群。

③ 回到起始姿势，重复规定次数。

小提示 ❗

注意核心收紧，避免身体晃动，同时注意不要耸肩。

中级训练动作

不稳定双臂交替前平举 / 稳定双臂侧平举

不稳定双臂交替前平举 》

扫一扫，看视频

知识点

不稳定双臂交替前平举可以锻炼三角肌、核心及踝关节周围肌群。

① 将半泡沫轴平面朝上置于垫子上，身体挺直站于半泡沫轴上，双脚分开，双手紧握哑铃并自然下垂。

② 保持身体重心稳定，肩部发力带动左臂上抬，做前平举。

③ 左臂收回落下，保持身体稳定。回到起始姿势。

④ 右臂上抬至与地面平行。回到起始姿势，重复规定次数。

小提示

腹部肌肉收缩，以维持重心稳定。保持肩部放松，不要耸肩。

扫一扫，看视频

知识点

稳定双臂侧平举可以锻炼肩部、核心以及踝关节周围肌群。

1 将半泡沫轴曲面朝上置于垫子上，身体挺直站于半泡沫轴上，双脚分开与肩同宽，双臂自然下垂，双手分别紧握一个哑铃。

2 双臂上抬，做侧平举。

3 动作完成后恢复至起始姿势，重复规定次数。

小提示

腹部肌肉收缩，以维持重心稳定。保持肩部放松，不要耸肩。

第一章 认识哑铃

第2章 哑铃训练计划

第3章 哑铃训练动作

第4章 哑铃与其他小器械的训练动作

71

第4章

哑铃与其他小器械的训练动作

中级训练动作

稳定双臂交替前平举／稳定纵向双臂侧平举

知识点 💡

稳定双臂交替前平举可以增强肩关节、踝关节周围肌群的力量。

扫一扫，看视频

① 将半泡沫轴曲面朝上置于垫子上，身体挺直站于半泡沫轴上，使脚方向与半泡沫轴垂直，双臂自然下垂。

② 身体重心保持稳定，肩部发力带动左臂上抬，做前平举。

③ 左臂收回落下，保持身体稳定。回到起始姿势。

④ 右臂上抬至与地面平行。回到起始姿势，重复规定次数。

小提示 ❗

手臂上抬时呼气，恢复时吸气。核心收紧，不要耸肩，保持平衡。

扫一扫，看视频

① 将两个半泡沫轴曲面朝上纵向置于垫子上，身体挺直站于半泡沫轴上，使脚方向与半泡沫轴在一条直线上，双臂自然下垂，双手分别紧握一个哑铃。

② 手臂向外侧平举至与地面平行。

知识点

稳定纵向双臂侧平举可以有效锻炼肩关节周围肌群，尤其是三角肌和冈上肌。

小提示

全程注意保持核心收紧，背部挺直。双臂举起时呼气，下放时吸气。

③ 双臂缓慢下放，回到起始姿势，重复规定次数。

稳定纵向双臂前平举／稳定纵向双臂弯举

扫一扫，看视频

知识点 💡

稳定纵向双臂前平举可以增强肩关节周围肌群的力量。

1 将两个半泡沫轴曲面朝上纵向置于垫子上，身体挺直站于半泡沫轴上，使脚方向与半泡沫轴在一条直线上，双臂自然下垂，双手分别紧握一个哑铃。

2 身体保持稳定，双臂向前上抬，做前平举。

3 双臂缓慢下放，恢复至起始姿势，重复规定次数。

小提示 ❗

全程保持核心收紧，身体重心稳定。双臂举起时呼气，下降时吸气。

扫一扫，看视频

知识点
稳定纵向双臂弯举可以有效锻炼手臂的肱二头肌。

1 将两个半泡沫轴曲面朝上纵向置于垫子上，身体挺直站于半泡沫轴上，使脚方向与半泡沫轴在一条直线上，双臂自然下垂，双手分别紧握一个哑铃。

2 保持身体稳定，上臂尽量靠近身体，双臂屈肘做弯举动作，一直举至肩部高度。

3 双臂下放伸直，恢复至起始姿势，重复规定次数。

小提示

注意呼吸的配合，手臂向上弯举时呼气，下降时吸气。双腿固定，核心收紧，维持身体稳定。

高级训练动作

上斜卧推/卧推

① 仰卧于瑞士球，屈膝、屈髋，双手正握哑铃置于肩部正上方，距离与肩同宽，手臂伸直。

知识点 💡
上斜卧推可以有效增强胸部、手臂力量，主要锻炼胸大肌。

② 屈肘放下哑铃至上臂与地面平行，肘关节呈 90 度角，胸部发力推起哑铃。回到起始姿势，重复规定次数。

小提示 ❗

运动过程中，注意背部挺直，头部不要前伸，全脚掌撑在垫子上，保持核心收紧。注意呼吸，手臂上抬时呼气，下降时吸气。

扫一扫，看视频

1 仰卧姿，上背部靠在瑞士球上。屈膝，双脚撑在垫子上，臀部肌肉收紧，使大腿与躯干呈一条直线。双手握哑铃，双臂垂直向上，保持稳定。

知识点

卧推可增强胸部、臀部肌肉力量，充分锻炼胸大肌和臀大肌。

2 核心收紧，使身体重心稳定，双臂屈肘向下，直到上臂与地面平行。动作完成后恢复至起始姿势，重复规定次数。

小提示

臀部肌肉始终收紧，上身、臀部、大腿始终呈同一直线。注意呼吸的配合，手臂下降时吸气，上推时呼气。

高级训练动作

单臂交替卧推\单臂卧推

单臂交替卧推 >>

扫一扫，看视频

1 仰卧姿，上背部靠在瑞士球上。屈膝，双脚撑在垫子上，臀部肌肉收紧，使大腿与躯干呈一条直线。双手握紧哑铃，双臂垂直向上，保持稳定。

2 一侧手臂保持伸直，另一侧手臂屈肘向下，直至上臂与地面平行。

知识点
单臂交替卧推可以增强胸大肌、臀大肌的力量。

3 手臂上推，恢复至起始姿势，换对侧手臂屈肘向下。重复规定次数。

小提示

臀部肌肉始终收紧，上身、臀部、大腿始终呈一条直线。注意呼吸，手臂下降时吸气，上推时呼气。

单臂卧推 »

知识点 💡

单臂卧推可以增强胸大肌、臀大肌的力量。

扫一扫，看视频

① 仰卧姿，上背部靠在瑞士球上。屈膝，双脚撑地，臀部肌肉收紧，使大腿与躯干呈一条直线。一只手握紧哑铃，肘部弯曲，放在胸部上方位置，另一只手放于腹部。

② 保持身体重心稳定，手臂上推哑铃，直至肘部完全伸直。恢复至起始姿势，重复动作，完成规定次数。另一侧手臂也重复同样的过程。

小提示 ❗

臀部肌肉始终收紧，上身、臀部、大腿始终呈一条直线。注意呼吸，手臂下降时吸气，上推时呼气。

79

飞鸟 / 分腿单臂外展

飞鸟 »

扫一扫，看视频

① 仰卧姿，上背部靠在瑞士球上。屈膝，双脚撑在垫子上，臀部肌肉收紧，使大腿与躯干呈一条直线。双手握哑铃，双臂垂直向上。

知识点

飞鸟可以锻炼胸和臀部肌肉，增强胸大肌和臀大肌的力量。

② 保持身体稳定，双臂向两侧做飞鸟动作，直至手臂与地面平行。恢复至起始姿势，重复规定次数。

小提示

臀部肌肉始终收紧，上身、臀部、大腿始终呈一条直线。注意呼吸，手臂下降时吸气，上推时呼气。

分腿单臂外展 》》

扫一扫，看视频

1 侧腹部支撑在瑞士球上，侧卧姿，双腿伸直。下侧手臂扶着瑞士球，上侧手握哑铃，伸直垂于瑞士球上。

知识点

分腿单臂外展可以增强核心肌群、斜方肌、菱形肌、三角肌的力量。

2 保持身体重心稳定，上侧手持哑铃上举至身体上方，且垂直于地面。稍做停顿，恢复至起始姿势。重复规定次数。

小提示

动作过程中核心收紧，并注意呼吸，手臂下降时吸气，上举时呼气。

高级训练动作

直臂下拉\交替上举

直臂下拉 》

扫一扫,看视频

1 仰卧姿,上背部靠在瑞士球上。屈膝,双脚撑地,臀部肌肉收紧,使大腿与躯干呈一条直线。双手握哑铃,双臂伸直向上与地面垂直。

2 保持身体稳定,双臂向下伸至头部位置,与上身在一条直线上。稍做停顿,恢复至起始姿势。重复规定次数。

知识点 💡

直臂下拉可锻炼背部与臀部肌肉,着重增强背阔肌和臀大肌力量。

小提示❗

臀部肌肉始终收紧,上身、臀部、大腿始终呈一条直线。

交替上举 »

扫一扫，看视频

知识点 💡

交替上举可以增强背阔肌、三角肌和臀大肌的力量。

1 仰卧姿，上背部靠在瑞士球上。屈膝，双脚撑地，臀部肌肉收紧，使大腿与躯干呈一条直线。双手握哑铃，双臂垂直向上，保持稳定。

2 保持身体稳定，双臂伸直，一侧手臂下放至头部位置，另一侧手臂下放至髋部位置，双臂都与躯干在同一平面。

3 双臂交替交换位置，做相同的动作。重复规定次数。

小提示 ❗

大腿与上身在一条直线上，核心收紧，同时保持臀部稳定。背部始终挺直，双脚位置固定。

83

高级训练动作

直臂上举侧举、手臂外旋外展反向飞鸟

扫一扫，看视频

知识点 💡

直臂上举侧举可以增强竖脊肌、三角肌、菱形肌、斜方肌的力量。

① 俯卧姿，腹部紧贴瑞士球，脚尖着地，双手握哑铃置于地面，注意保持身体稳定。

② 双臂伸直，一侧手臂侧平举，另一侧手臂上举至头部位置，此时双臂呈 90 度角，并与身体在同一平面内，恢复至起始姿势，重复规定次数。双臂换位置，重复以上步骤。

小提示 ❗

背部及核心肌肉始终收紧，避免瑞士球晃动，双腿伸展开，与上身呈一条直线。

手臂外旋外展反向飞鸟 »

扫一扫，看视频

① 俯卧姿，腹部紧贴瑞士球，脚尖着地，双手握哑铃置于地面，
注意保持身体稳定。

知识点 💡
手臂外旋外展反向飞鸟可以锻炼竖脊肌、菱形肌、斜方肌、肩部肌群。

② 保持身体稳定，两侧肩胛骨夹紧，双臂伸直向身体两侧上抬至臀部
位置，并与身体呈 30 度角。恢复至起始姿势，重复规定次数。

小提示 ❗

运动过程中，核心收紧，背部挺直，身体始终呈一条直线。全程均匀呼吸。

高级训练动作

球上卷腹/仰卧哑铃颈后臂屈伸

球上卷腹≫

扫一扫，看视频

① 仰卧姿，背部靠在瑞士球上。双臂垂直向上，保持稳定。双手握一个哑铃于肩部上方。

知识点 💡

球上卷腹可以锻炼核心区域，增强腹部肌肉的力量。

② 保持身体稳定，手臂姿势不变，腹部肌肉收缩，使上背部离开瑞士球。稍做停顿，恢复至起始姿势。重复规定次数。

小提示 ❗

注意呼吸的配合，卷腹时呼气，还原时吸气。保持身体稳定，双脚位置固定，不可抬起。

仰卧哑铃颈后臂屈伸 》

① 仰卧姿，后背紧贴瑞士球，双臂伸直，双手分别握哑铃置于头顶。臀部肌肉收紧，大腿与躯干呈一条直线。

知识点 💡

仰卧哑铃颈后臂屈伸通过肘关节的屈曲与伸展锻炼肱三头肌。

② 上臂不动，双臂屈肘向下，直至哑铃接触瑞士球。恢复至起始姿势，重复规定次数。

小提示 ❗

运动过程中，双手握紧哑铃，拳心相对。核心与臀部肌肉始终收紧，上臂保持不动，背部紧贴球面。全程均匀呼吸。

87

下蹲肱二头肌弯举／不稳定纵向站立双臂前平举

下蹲肱二头肌弯举 》

① 用背部将瑞士球固定在墙面，呈单腿半蹲姿势，抬起一侧腿至小腿与地面基本平行。双手握哑铃，置于体侧。

知识点 💡
下蹲肱二头肌弯举可增强腿部肌肉及肱二头肌的力量。

② 保持身体稳定，上臂前侧发力屈肘将哑铃上举至肩部高度。回到起始姿势，重复规定次数。换另一条腿支撑，重复前面的动作。

小提示 ❗

此动作为单腿支撑，所以要注意身体重心的稳定，核心收紧，背部挺直。

扫一扫，看视频

知识点

不稳定纵向站立双臂前平举注重增强肩部肌肉的力量及身体的平衡能力。

1 将半泡沫轴平面朝上放在垫子上，双脚一前一后站在上面，使脚方向与半泡沫轴在一条直线上，双臂自然下垂，双手分别紧握一个哑铃。

2 保持身体重心稳定，由肩部发力，双臂前平举。

3 恢复至起始姿势，重复规定次数。换至对侧重复以上步骤。

小提示

肩部始终处于放松状态，避免肩部上耸、僵硬。核心收紧，稳定身体。

第 4 章

哑铃与其他小器械的训练动作

高级训练动作

稳定纵向站立双臂前平举 / 稳定深蹲上举

扫一扫，看视频

1 将半泡沫轴曲面朝上放在垫子上，双脚一前一后站在上面，使脚方向与半泡沫轴在一条直线上，双臂自然下垂，双手分别紧握一个哑铃。

知识点 💡
稳定纵向站立双臂前平举侧重于增强三角肌的力量。

2 身体重心稳定，由肩部发力，双臂前平举。

3 回到起始姿势，重复规定次数。换至对侧重复以上步骤。

小提示❗
肩部始终处于放松状态，避免肩部上耸、僵硬。核心收紧，稳定身体。

知识点 💡

稳定深蹲上举可以增强全身肌肉力量与踝关节的稳定性。

扫一扫，看视频

1 将四个榴梿球曲面朝上并列两排置于地上，双脚分别站于两个榴梿球上，膝关节处环绕迷你带，身体保持挺直站立，双臂肘部屈曲，双手握哑铃至肩部位置。

2 挺胸收腹，目光朝前，保持身体稳定，双腿弯曲下蹲，至大腿与地面平行。

3 身体向上，恢复至起始姿势。

4 双臂向上推举，直至手臂伸直，拳心相对。恢复至起始姿势，重复规定次数。

小提示 ❗

运动过程中，核心收紧，背部不要屈曲，保持躯干稳定。控制下肢，不要有过大的晃动。下蹲时吸气，站起和上举时呼气。

91

哑铃与其他小器械的训练动作

高级训练动作

不稳定深蹲上举、不稳定纵向双臂侧平举

不稳定深蹲上举 》

扫一扫，看视频

1 直立姿，双脚在两个榴梿球上站稳。双臂肘部屈曲，双手在肩部位置握紧哑铃。

2 腹部肌肉收缩，目光朝前，保持身体稳定，双腿弯曲下蹲，至大腿与地面平行。

💡 **知识点**

不稳定深蹲上举侧重于增强上、下肢肌群的力量以及踝关节的稳定性。

3 臀部与下肢肌肉发力，恢复为直立姿，同时双臂借力上举至手臂完全伸直。恢复至起始姿势，重复规定次数。

小提示 ❗

运动过程中，背部切忌弯曲，注意保持身体稳定。体会用核心控制全身，下蹲时保持整体稳定，不要有过大幅度的晃动。

不稳定纵向双臂侧平举 》

扫一扫，看视频

知识点

不稳定纵向双臂侧平举可以增强肩部肌肉力量。

1 将两个半泡沫轴平面朝上纵向置于垫子上，身体挺直站于半泡沫轴上，使脚方向与半泡沫轴在一条直线上，双臂自然下垂，双手分别紧握一个哑铃。

2 保持身体稳定，核心收紧，双臂侧平举，直至手臂与地面平行。

3 恢复至起始姿势，重复规定次数。

小提示

身体挺直站立，核心收紧，不可来回摇晃。全程保持均匀呼吸。

第4章

哑铃与其他小器械的训练动作

高级训练动作

不稳定纵向双臂前平举／不稳定纵向双臂弯举

知识点 💡

不稳定纵向双臂前平举可以增强肩部肌肉力量。

1 将两个半泡沫轴平面朝上纵向置于垫子上，身体挺直站于半泡沫轴上，使脚方向与半泡沫轴在一条直线上，双臂自然下垂，双手分别紧握一个哑铃。

2 核心收紧，双臂伸直向前平举，直至手臂与地面平行。

3 双臂保持伸直下放，恢复至起始姿势，重复规定次数。

小提示 ❗

运动过程中，注意核心收紧，背部不要屈曲，保持躯干稳定，身体呈一条直线。双臂向前平举时身体不可来回摇晃。全程均匀呼吸。

扫一扫，看视频

① 将两个半泡沫轴平面朝上纵向置于垫子上，身体挺直站于半泡沫轴上，使脚方向与半泡沫轴在一条直线上，双臂自然下垂，双手分别紧握一个哑铃。

② 保持身体稳定，核心收紧，双臂屈肘向上弯举至哑铃位于肩部位置。

知识点 💡
不稳定纵向双臂弯举可以锻炼手臂的肱二头肌。

③ 双臂伸直，恢复至起始姿势，重复规定次数。

小提示 ❗
运动过程中，注意核心收紧，背部不要屈曲，保持躯干稳定，身体呈一条直线。肘关节弯曲时，身体不要晃动。全程保持均匀呼吸。

在线视频访问说明

为了帮助读者更好地掌握动作技术，本书提供了大部分动作的演示视频，具体可通过以下步骤在线观看。

步骤 1

点击微信功能菜单上的"扫一扫"（图1），扫描书中二维码。

步骤 2

如果您未关注微信公众号"人邮体育"，扫描后会出现"人邮体育"的二维码。根据提示关注"人邮体育"，并点击"资源详情"（图2），即可进入视频观看页面（图3）。

如果您已关注微信公众号"人邮体育"，扫描后可直接进入视频观看页面。

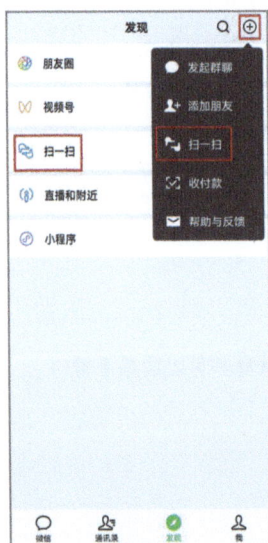

图1

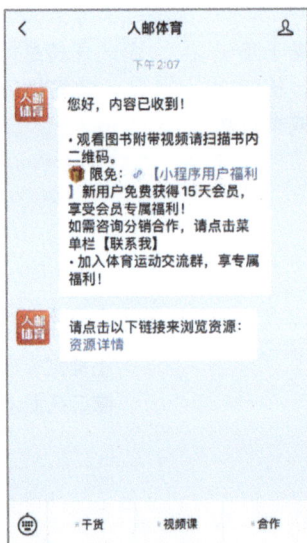

图2

图3